J. C. B. DE LA JUX D'UZELLE

LE SEIZE MAI

ET

M. THIERS

DEVANT LA FRANCE ET DEVANT L'HISTOIRE

COUP D'ŒIL IMPARTIAL SUR LES DEUX RÈGNES
DE L'ORDRE MORAL

PRIX : 15 centimes.

PARIS
EN VENTE CHEZ TOUS LES LIBRAIRES
DÉPOT PRINCIPAL :
CHEZ DERVEAUX, LIBRAIRE
32, *rue d'Angoulême-du-Temple*, 32

1877

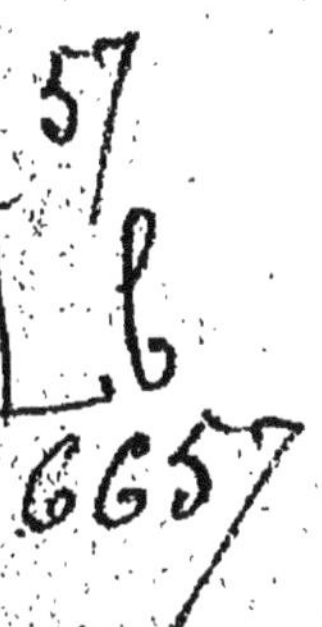

LE SEIZE MAI

ET

M. THIERS

DEVANT LA FRANCE ET DEVANT L'HISTOIRE

Il est une chose pour laquelle le peuple, en France, a une antipathie profonde, une horreur invétérée, une haine implacable, une répulsion marquée qui s'accentue tous les jours : c'est le sabre s'appuyant sur le goupillon pour gouverner. Le peuple abhorre le sabre parce que des faits encore tout récents et qui ont plus contribué à son éducation politique que tout ce que l'on a écrit jusqu'ici, lui ont fait voir, avec preuves à l'appui, où le sabre peut conduire, surtout si, comme cela arrive toujours, il est entre les mains d'hommes n'ayant d'autre intérêt à servir que celui de leurs ambitions personnelles. Mais ce qui est une fiche de consolation, c'est qu'on a beau faire de cette arme une sorte d'épouvantail, la suspendre menaçante comme un défi sur la société, et faire des moulinets sur la tête du premier républicain qui bouge, il arrive un jour — et l'histoire abonde en faits semblables — où, comme une intelligence, elle se retourne pour frapper mortellement ceux qui la tiennent et que tel qui croyait pourfendre est le premier pourfendu. Le sabre n'a jamais rien pacifié et Voltaire a plus fait pour la civilisation et le progrès de l'humanité que tous les rois qui se sont succédé en France depuis Pharamond. Le livre, sous tous les rapports, vaut mieux que le sabre et il est aussi de beaucoup moins coûteux pour ceux qui ne sont ni princes ni courtisans.

Le peuple abhorre le goupillon, et pour cause. C'est une arme dangereuse aussi pour les sociétés, le goupillon!... Sa forme et son objet peuvent être discutés. Il ressemble autant à un casse-tête destiné aux républicains qu'à un outil pieux ne servant qu'à bénir les vieilles dévotes et les « gens bien pensants. » Pendant une longue suite de siècles, les peuples ont dû courber le front sous sa toute-puissance, car le goupillon, d'accord avec les rois fanatiques, a fait toutes les persécutions, organisé toutes les tueries, porté le deuil dans tous les pays. Il a élevé les bastilles, inventé la roue, les oubliettes et les billots, les bûchers et les ex-voto. Domination sanglante!... C'est lui qui a dirigé l'Inquisition en Espagne, en Italie, en France, et fait le sac de Béziers. C'est lui qui a ordonné les massacres des Cévennes et des Albigeois et qui, de complicité avec un roi monomane et idiot, a consommé, le 24 août 1572, l'horrible assassinat des protestants. C'est lui encore qui, pour ne point laisser douter de sa haine contre tout ce qui fait la lumière, a emprisonné Galilée et exilé Dante Alighieri. On le voit dans toutes les actions mauvaises, dans tous les complots, et c'est pour cela qu'on l'exècre.

. . . .

Eh bien, quand, en France, le pauvre hère, fatigué enfin du joug de fer qui pesait sur lui, au nom de la royauté et de la religion, le secoua en 1789, tous ceux qui avaient tant persécuté crièrent à la persécution. Les oppresseurs n'ont jamais compris les revendications des peuples opprimés. Pour devenir des hommes et sortir de la condition des bêtes de somme, nos pères ont versé le plus pur et le plus généreux de leur sang, et il leur était bien permis de croire, après les journées à jamais mémorables, où les droits de l'homme furent solennellement proclamés, que l'heure de la délivrance avait enfin sonné et qu'ils allaient pouvoir jouir de ces droits imprescriptibles après les avoir si chèrement achetés. C'était une erreur. Ce qu'ils avaient entendu sonner, ce n'était pas l'heure de la délivrance, mais bien le tocsin pour continuer la lutte, car, en effet, leur œuvre, si grande déjà, est restée inachevée, et c'est à cause de cela, qu'aujourd'hui, quatre-vingts ans après ce puissant effort, tout semble à recommencer. Et pourquoi? Parce que les sauveurs de sociétés qu'on avait chassés, sont revenus au pas de charge de tous côtés... Parmi ces sauveurs, il y a eu des gens de sabre et des gens de robe qui, pour arriver à leurs fins, n'ont pas reculé devant le mensonge et la duperie. Chaque pays a eu et a encore ses zélateurs : l'Espagne a le sien. Don Carlos n'eût pas mieux demandé que de la sauver, mais s'il y a eu impossibilité absolue, un autre est venu, qui ne lui cédera en rien. Nous ne parlons pas de l'Italie : c'est un pays prédestiné où plus d'un républicain français deviendrait royaliste. La France, notre pauvre et malheureux pays, a eu aussi et a encore des sauveurs. Bonaparte l'a sauvée plusieurs fois, notamment en Italie, avec le Pape, au Mexique, avec l'infortuné Maximilien et à Sedan, avec..... il l'a sauvée de l'empire et de l'invasion prussienne. Beaucoup de personnes croient encore aujourd'hui que chez les princes affamés de pouvoir et de domination, tout n'est que qualités, que délicatesse exquise et que bien malheureux est un peuple assez aveugle pour ne pas s'en apercevoir. Mais le peuple heureusement, est composé d'individus sages, qui savent ce qu'il leur faut, pour lesquels le gouvernementalisme n'a aucun attrait, et le pouvoir autocratique encore moins, et qui préfèrent — avec raison — la liberté d'être des hommes à l'obligation d'être troupeau.

Aujourd'hui, notre beau pays de France est le plus favorisé de tous : les sauveurs lui sont venus en foule. Ils ont organisé le sauvetage de la société sur une grande et large échelle. Le gouvernement du seize mai travaille activement à la rendre prospère, cette société, et surtout à la rajeunir de deux siècles. Besogne difficile ! direz-vous. En effet, besogne difficile pour vous et moi, mais facile pour des colosses comme MM. Brunet, de Broglie et de Fourtou. Afin de bien exécuter ce travail titanesque, on a choisi des hommes sinon frais (?) mais reposés. M. de Broglie, qui s'était endormi profondément sous le règne de Philippe-Auguste, dans les bureaux de la *Revue des*

Deux-Mondes du temps, venait de se réveiller subitement, en 1872. Le bruit insolite que faisait M. Thiers en appelant à lui les fonds nécessaires pour libérer le territoire et délivrer son pays de l'étranger, l'avait tiré de son sommeil. Revenu à lui, après avoir dormi si longtemps, il se frotta les yeux et regarda sans étonnement, mais aussi sans s'apercevoir que le temps avait marché et que, s'il avait dormi, lui, duc, la société, au contraire, avait continué son évolution vers le progrès et la liberté. Ce dont il s'aperçut tout d'abord, lui, qui allait devenir un sauveur à la remorque de tous les partis, c'est que M. Thiers, qui avait, au lieu de dormir, suivi le cours des événements et s'occupait pour de bon à rendre d'insignes services à son pays, n'était qu'un sauveur à la douzaine; qu'il embarrassait et ne sauvait rien; en un mot, qu'il ne possédait pas les qualités requises pour se mêler de quoi que ce fût.

En effet, M. Thiers à la tête du pouvoir, ayant accepté franchement la République comme le seul gouvernement possible, devant les coalitions de partis, et le seul capable de rendre la France calme et prospère, M. Thiers, à la tête du pouvoir, était un homme gênant, qui pouvait contrarier bien des noirs projets. On pensa d'abord à s'en débarrasser; mais à cette époque, il restait encore trop à faire; négocier un emprunt colossal, délimiter la nouvelle frontière avec un ennemi exigeant et alléger les pertes le plus possible, n'était pas chose facile. Aucun de nos gouvernements d'aujourd'hui n'eût pu mener à bien cette entreprise : les nains ne sont pas des géants.

Seul, M. Thiers était de taille pour cela. M. de Broglie et ses alliés eurent l'air de le comprendre, les habiles! et c'est à cette clairvoyance des chefs de l'ordre moral encore à l'état latent, que M. Thiers dut de rester un an de plus Président de la République.

En 1873, la besogne était terminée. Il ne restait plus rien à faire ou à peu près. Les transactions reprenaient leur cours régulier; le calme renaissait dans les esprits. Le crédit de la France était rétabli et tout remis en place... C'était le moment ou jamais de se montrer... Il y a tant d'hommes qui aiment cela, arriver quand il ne reste plus rien à faire, et bien vivre en gouvernant mal les autres!...

L'élection de M. Barodet, comme député de Paris, eut lieu. Si ce ne fut pas un motif, ce fut un prétexte pour faire une révolution. Le territoire était libéré; les derniers régiments prussiens venaient de quitter la France, plus rien n'empêchait de semer le trouble; il n'y avait plus de raison pour que l'on ne disgraciât pas le libérateur.

Le 24 mai de la même année, M. Thiers, en homme de tact, qui ne voulait pas se raidir contre une majorité qui n'était cependant que de sept voix, descendit du pouvoir.

Il fit bien; c'est un fait qui l'honore au plus haut degré et dont le pays lui tiendra compte.

S'il avait lâché, à cette époque, le grand « *J'y suis, j'y reste* » on se serait récrié. Pourtant la situation était la même, ou à peu près, qu'il y a deux mois. Mais M. Thiers avait, pour se retirer dignement, sans forfanterie, des motifs que d'autres font valoir pour rester *jusqu'au bout*. Il est vrai qu'aujourd'hui on peut s'appuyer sur le vieux bâton vermoulu qu'on nomme : Sénat, et que le pays avait le bonheur de ne pas posséder encore, alors. Cette chambre, dite haute, viciée dans son origine, produit de la camaraderie, des salons et des salles à manger, dotée d'attributions exorbitantes, et qui ressemble beaucoup au pape, sur le chef branlant duquel on a mis le dogme de l'infaillibilité, cette chambre haute, disons-nous, n'a jamais, depuis qu'elle existe, laissé passer une occasion de prouver même aux plus incrédules, qu'elle était la redoute du cléricalisme *latent* ou *patent*, redoute qui, heureusement pour la France, n'est pas inexpugnable, mais d'où l'on peut aujourd'hui tirer à bout portant sur la société. Et pourtant, le Sénat, envisagé sans parti-pris, n'est qu'une cinquième roue au char de l'Etat. D'où peuvent lui venir ses prétentions?... on ne sait. C'est le *refugium peccatorum* des vieillards podagres que le pays aurait repoussés et de tous ceux qu'il a repoussés aux elections, et rien de plus, mais aussi rien de moins. On lui a donné un pouvoir sans égal; celui de *pondérer*, c'est-à-dire de tout empêcher, de passer à son tamis les plus minuscules et les plus anodins projets de lois des représentants directs du pays, et d'étouffer les passions subversives dans leur germe. Ah ! le bon crible qu'a le Sénat !

Le 24 mai consommé, M. Thiers par terre et remplacé par M. de Mac-Mahon, on pensa que la monarchie était faite. Tous les prétendants, — et Dieu sait si la France en a, — crurent qu'ils allaient pouvoir enfin monter sur le trône de leurs rêves. Les fils des Croisés, s'écartant cette fois de leurs vieilles traditions, envoyèrent M. Chesnelong à Frohsdorff. — Ce devait être d'un mauvais augure pour le descendant de vingt rois. — On discuta, on intrigua aussi. La royauté blanche, selon le charcutier messager, avait des chances de réussir en France. On avait *fusionné*. Les fils de Louis-Philippe venaient de céder à la France, moyennant quarante millions, l'honneur de la gouverner et de la sauver, — et le contrat tient toujours. — Ils venaient de prendre en argent leur part de royauté; tout, d'ailleurs, faisait supposer qu'il en était ainsi, puisqu'ils se désistaient encore de leurs prétentions au trône en faveur du duc de Bordeaux ; — ce qui donnait bonne mesure. — C'était la fusion et le commencement de l'*ordre moral*. Il y avait des conciliabules interminables. Le fils de la duchesse de Berry était tout disposé à faire le bonheur des Français, dont, entre parenthèses, il est le cauchemar, mais non à substituer à son drapeau blanc le drapeau tricolore. Et on connaît l'amour du peuple pour le drapeau blanc..... Il y avait aussi de grandes discussions. On chercha à persuader à Henri de Bourbon que son drapeau pourrait paraître subversif aux yeux de la nation française. Rien n'y fit. On alla même jusqu'à le supplier, dans l'intérêt de la cause sacrée de l'Eglise et du pape, de mettre ce drapeau dans sa poche et d'exhiber aux yeux des populations celui qui a trois couleurs, lui assurant que l'étiquette ferait passer le paquet. On commanda, à Paris, les voitures du sacre; mais Henri V, devinant sans doute l'immense éclat de rire qui eût accueilli son arlequinade, ne voulut rien exhiber de pareil, et la fusion, malgré tous les charcutiers de France et de Navarre, finit piteusement comme sont destinées à finir toutes les intrigues, surtout quand elles ont pour âme un homme de la trempe de M. Chesnelong.

Il n'y avait plus de fusion. C'était bien fini; elle était morte et enterrée. On ne savait plus où donner de la tête, lorsque, soudain, et sans avertir personne, M. Wallon, un républicain de derrière les fagots, accoucha laborieusement d'une enfant difforme, d'un fœtus de monarchie, à qui on donna le nom de République. M. de Broglie en fut le parrain. On accepta cette enfant croyant qu'elle deviendrait belle en grandissant, c'est-à-dire qu'elle ne ressemblerait pas à ses auteurs. Mais, si la jeune République avait de la peine à se tenir debout devant tant de compétitions ugolines, l'ordre moral, en France, était en pleine floraison et à l'apogée de sa puissance. On « faisait marcher la France. » Il y avait des Baragnons, j'allais dire des Numa-Pompilius, partout. En effet, en voyant cette Assemblée étonnante, on se disait à part soi que la France, après tout, était un grand et généreux pays et qu'elle possédait encore malgré la guerre, une belle collection d'hommes politiques. C'est qu'en 1871, après nos malheurs, et comme pour y faire suite, les plus profondes nullités, les personnalités les plus obscures et les plus mesquines, dont on ignorait jusqu'à l'existence, s'étaient abattues sur le pouvoir afin de se le partager. Les grands désastres ont de ces suites terribles. Presque toujours, les grandes mortalités sont suivies d'autres fléaux. C'est ce qui était arrivé. Les hannetons de la politique désolèrent le pays. Comme aujourd'hui, il pleuvait des circulaires et comme aujourd'hui encore, les contribuables pouvaient voir que leur argent servait à faire imprimer la prose ministérielle. On mit l'enseignement entre les mains des jésuites, qui ne sont que tolérés en France, et l'on chercha à soudoyer la presse. Aux jésuites, on donna l'autorisation de fonder des universités en concurrence avec l'Etat, et d'instruire la jeunesse dans la haine et le mépris des lois, de lui apprendre qu'en fait de Code on ne doit reconnaître que le Syllabus, et, en outre, à ne considérer comme réellement mariées que les personnes ayant reçu le sacrement des mains du prêtre, moyennant finances, etc. La presse, qui ne voulut pas se vendre disparut forcément sous le sabre de l'état de siége. On fermait les cafés et les cercles. On ruinait leurs propriétaires sous prétexte de maintenir l'ordre et de sauver la propriété. Il y avait déjà une loyale épée à la tête de ce mouvement rénovateur et, dans la panoplie gouvernementale, et pour qu'il y eût de la symétrie, à côté de cette épée de Damoclès et à la même distance du point central, on mit un goupillon. Cela faisait un bel effet, paraît-il. Tous, « *les honnêtes gens,* » dans le sens nouveau du mot, applaudirent. Seuls, les autres, ceux que l'on qualifie de « *malhonnêtes* » parce qu'ils disent que le cœur est à gauche et croient aujourd'hui encore que deux et deux font quatre, se récrièrent. Ils virent un entraînement funeste, et une supercherie peu avouable. Il réclamèrent à cor et à cris le renvoi de la Chambre devant ceux qui l'avaient élue. La dissolution de cette Assemblée arriva plus lentement que celle des 363, mais enfin elle arriva. Peu à peu, les ordre-moraliens se détachèrent de leur rocher sous l'influence d'une impopularité qui n'avait rien à attendre du verdict de la Cour suprême qui juge en dernier ressort.....

Le 20 février 1876, eurent lieu les élections destinées à donner des remplaçants aux élus « du jour de malheur. » La France, nous entendons la France qui pense, qui travaille et qui souffre, la France respira. Elle se crut enfin délivrée des dissensions intestines qui duraient depuis quatre ans. M. Buffet, à qui on peut octroyer, sans être taxé d'exagération, autant et même plus de talent qu'à M. de Fourtou et une dextérité pour manier la pâte électorale au moins égale à celle de l'avocat de Ribérac, M. Buffet avait travaillé les élections de la même manière que M. de Fourtou les travaille aujourd'hui. C'étaient les mêmes procédés d'intimidation, les mêmes vexations, les mêmes menaces, les mêmes moyens d'action. Les journaux républicains étaient poursuivis, traqués, ruinés ; on emprisonnait leurs rédacteurs. On faisait disparaître les journaux gênants d'autant plus vite qu'on avait sous la main le sabre de l'état de siége, moyen exécrable que l'on n'a plus aujourd'hui, quoique l'état de siége existe encore de fait. M. Buffet possédait, comme M. de Fourtou possède à présent, des préfets à sa dévotion et selon son cœur, des hommes sur qui il était en droit de compter et qui pouvaient tout oser, n'ayant rien à perdre. Les maires des petites localités, qu'il pouvait nommer et révoquer à son gré, étaient, eux aussi, des aides dévoués. Il avait, en outre, le soutien des curés et des gardes champêtres, et qui ne sait que les curés et les gardes champêtres font partie de l'autorité et qu'ils sont des notables dans une commune ! Eh bien, M. Buffet auquel M. de Fourtou ferait bien de penser quelquefois, M. Buffet, qui avait tant d'atouts dans son jeu, arrivait, lui ministre et candidat, à être blackboulé quatre fois en un jour. C'était joli ; c'était un beau résultat et surtout une belle veste. Et pourtant, il était cher au Maréchal, M. Buffet !.... et comme candidat, il avait promis à tous de renforcer le « bâton loyal, » quoique cela, ses échecs successifs devant les électeurs, n'ont étonné personne. Le peuple est ainsi fait que, plus on l'aiguillonne, plus on le vexe, plus on exerce sur lui de pression, moins on obtient de lui. M. de Fourtou et ceux qu'il dirige de ses lumières, ont l'air de ne plus se souvenir de ces faits, pourtant encore si récents, que c'est de l'histoire d'hier. — C'est ce qui fait croire que les gouvernants ont la mémoire plus courte que les autres.....

M. Buffet ne fut pas, tant s'en faut, le seul candidat de sa couleur, terrassé par les électeurs. Son écrasement fit plus de bruit que celui des autres, parce qu'il était à la tête du mouvement et en même temps l'âme de la réaction à outrance. Le champ électoral fut couvert de morts. L'ordre moral y perdit son état-major, et si M. Buffet n'avait encore compté tant d'amis au Sénat, la France qui l'a repoussé, serait aujourd'hui et pour toujours, sans doute, privée de ses bons services.....................

Une nouvelle Chambre alla à Versailles, remplacer l'ancienne. Ce que fut cette Chambre, chacun le sait. La République modérée y était représentée par des hommes éminents, par des hommes que leur passé et surtout leur patriotisme éprouvé auraient dû faire juger moins sévèrement par le maréchal. La République modérée, disons-nous, et surtout conservatrice s'étant affirmée par les élections, on composa un nouveau ministère. On commença, si nous avons bonne mémoire, par faire entrer dans sa composition M. Dufaure, dont on connaît les opinions avancées. On lui donna, avec la Présidence du Conseil, le pouvoir illimité de poursuivre les journaux républicains, avec un certain acharnement. Malgré cela, son règne dura peu. Les pères conscrits du Sénat, un jour de grande colère, poussèrent l'aménité envers leur collègue, jusqu'à voter contre lui. Il tomba. Un autre le remplaça, mais pour tomber bientôt à son tour : c'était le sort qui les attendait tous ; car, à la Présidence et derrière le rideau qui voile tout aux regards profanes, des figures « livides » et suspectes, des ombres chinoises coiffées de calottes, se cachaient en ricanant et formaient dans l'ombre un cabinet occulte qui se flattait d'*user* les ministres républicains en quelques jours. Ce cabinet était composé de ducs, de marquis, de comtes et d'évêques. Ces hommes titrés et ordonnés, faisaient contre-poids au ministère et les ministres proprement dits semblaient n'être là que pour le coup d'œil seulement. Mais de cela, rien à dire. C'était « l'essai loyal » de la République qui commençait. Il y avait, au Sénat, un homme qui jouissait et jouit encore, malgré ce qu'on lui a fait, d'une grande popularité, d'une confiance sans bornes, et dont le passé, les écrits et la philosophie douce et persuasive, étaient un sûr garant de ses principes aux yeux de la nouvelle majorité, si cet homme redevenait un jour ministre. On ne l'ignorait pas en haut lieu, et cet homme, qui se nomme Jules Simon, fut choisi par les coulissiers pour présider le conseil. On voulait à tout prix jeter la déconsidération sur son nom en disant de M. Simon, après lui avoir lié les mains : — « M. Jules Simon ! mais vous voyez bien qu'il ne fait pas mieux que les autres votre besogne... » En effet, M. Jules Simon, si connu et si considéré pour ses idées libérales — mais non le radical, comme on l'a insinué — eut à lutter contre les puissances jésuitiques, qui se cachaient, tout en ayant bien soin de se laisser deviner, afin que personne n'ignorât qu'on avait beau faire, elles gouvernaient en dépit de tout, soutenues d'en haut.

Pourtant M. Jules Simon était l'homme de la situation. Le mauvais vouloir, seul, pouvait empêcher de gouverner avec lui. Il aimait mieux faire quelques concessions que de donner prétexte à des agitations dont notre pauvre pays n'a pas besoin. Il s'est montré conciliant, ainsi que les députés de la majorité sur laquelle il pouvait s'appuyer en toute confiance, et c'est de cet esprit de conciliation — si rare chez ceux qui sont appelés à gouverner, — qu'on tient compte à M. Jules Simon et aux 363 ; et les hommes de mai ont eu beau nouer des intrigues, employer de bas moyens pour nuire à ces députés et à ce ministre : ils ne les ont pas amoindris, au contraire, ils ont prouvé par là, aux moins clairvoyants que tout le tort est du côté de ceux qui ont fait la révolution du 16 mai et non du côté des patriotes qui ont cherché à la conjurer. On sait à quoi s'en tenir sur le radicalisme des 363 en général et de M. Jules Simon en particulier. Ces hommes sont-ils des « partageux ? » Est-ce bien sérieusement que l'on croit M. Ménier disposé à partager son immense fortune avec M. de Broglie ou M. de Mac-Mahon, lui-même ?... On ne peut que hausser les épaules en voyant évoquer pour les besoins d'une cause perdue d'avance et mort-née, le fantôme ridicule « du péril social. » On a cru voir ce péril dans la Chambre du pays, déguisé sous les traits d'un Thiers, d'un Gambetta, d'un Grévy, d'un Ménier déjà nommé, hommes justement considérés et respectés. Il existe, en effet, un péril social, mais M. de Mac-Mahon et ses conseillers l'ont vu où il n'était pas. Car le péril social, c'est le gouvernement du seize mai, c'est le pouvoir remis aux mains des jésuites dont on connaît la manière d'en user. Le péril social ! mais c'est ce que voit aujourd'hui le peuple laborieux de France, qui ne travaille plus depuis trois mois, craignant la faim, pour lui et les siens, et acculé à son vote.... Et quand l'ordre moral, pour justifier sa présence au pouvoir, exhibe ce spectre d'un autre âge, annonçant qu'il va le terrasser, on rit un moment, puis on se mord les lèvres. On garde le silence, mais dans ce silence, il y a un bourdonnement que nos gouvernants entendraient s'ils s'étaient placés moins haut et si, seulement, ils daignaient prêter l'oreille.

. . . .

Si M. Jules Simon et les 363 députés républicains ont fait preuve de modération et de sagesse, c'est par pur patriotisme et non pour plaire à un pouvoir dont ils n'avaient pas à attendre les égards. Tolérants, ils l'ont peut-être été trop ; mais, sachant que la France a besoin de tranquillité pour se remettre de ses désastres, de son épuisement et conjurer, dans la mesure du possible, les calamités déchaînées sur elle par l'Empire, ils ont tout fait pour lui donner cette tranquillité et accélérer son relèvement. La France le sait et on ne lui fera pas prendre le change sur ce point. Elle sait d'où venait le vent qui a soufflé avec tant de violence, le 16 mai, et si elle souffre, si elle éprouve du malaise, elle connaît son mal et le remède qu'il faut pour le guérir.

La camarilla de la Présidence, voyant avec terreur approcher l'année de l'Exposition et le renouvellement des Conseils généraux, qui menaçaient d'avoir lieu sous un ministère républicain, n'y tint plus. Il fallait en finir au plus vite avec ce ministère et avec la Chambre que le pays avait nommée. Elle dit au maréchal : — « Que le seize mai soit ! » — et le seize mai fut. On demanda à M. Jules Simon sa démission de ministre en alléguant pour motif une discussion qui avait eu lieu la veille à la Chambre des députés, relative à la publicité des séances des Conseils généraux et que M. le Ministre n'avait pas assez combattue (?). Mais ce motif, il est inutile de le dire, n'était pas sérieux. Le seul qui existât réellement avait sa source dans l'ordre du jour du 4 mai, sur les menées ultramontaines et dans une déclaration où le Président du Conseil, pour donner un démenti formel aux mensonges envoyés sous enveloppes à Versailles par des jésuites éhontés de province, affirmait le même jour, à la tribune, que le pape n'était pas prisonnier à Rome. Ce fut un coup de foudre. Tous les cléricaux de France se remuèrent, ayant à leur tête M. Dupanloup, le grand meneur de la Présidence, et M. le Maréchal, tirant sa loyale flamberge, se tourna vers la Chambre des députés, et lui cria : — « C'est assez ! »

Puis, prenant sa bonne plume de Tolède, il écrivit à M. Jules Simon la lettre exquise que tout le monde connaît, où la politesse égalait la pureté du style.....

Ainsi fut remercié M. Jules Simon.

Ainsi fut remerciée la Chambre élue par le pays.

Mais on n'a rien renversé : le Ministre et les 363 sont tombés debout et reviendront malgré les efforts du pouvoir personnel qui s'est manifesté par un *coup de tête* ridicule.

. . . .

Aujourd'hui, grâce aux ambitieux sans nom que chacun connaît, la France patauge de nouveau dans le bourbier infect de l'Ordre Moral porté à sa plus grande puissance, et où se trouve un ramassis de fruits secs de tous les partis, unis pour détruire et révolutionner le pays, désunis quand il s'agit d'édifier. Mais les électeurs sauront avoir raison de l'hydre à trois têtes, dont chacune représente une coterie. La France la tient déjà sous son talon. Les hommes du seize mai, jugés en dernier ressort par l'opinion, passeront comme des ombres et iront prendre dans le repos et la retraite, la part d'oubli à laquelle ont droit toutes les médiocrités fatales qui font, en un jour, plus de mal que les peuples peuvent en réparer en vingt ans.

Les électeurs prononceront un verdict sévère, mais juste. Ils repousseront avec indignation les jésuites plus ou moins avoués qui se présenteront avec le masque du Mac-Mahonat, car ils savent bien qu'on n'a pas d'autre intention en haut lieu que de nous remettre sous l'exécrable domination des Princes de l'Eglise..... et des autres. Ils renommeront les 363 députés qui ont bien mérité de la patrie, qui ont eu souci de l'instruction du peuple en portant le budget de l'instruction publique de *deux millions* à *cinq millions* et en faisant construire des écoles. Ils se souviendront que le regretté M. Waddington, dont toute la sollicitude était acquise à l'enseignement populaire, a été chassé par le Maréchal. Ils renverront les députés, qui ont voté l'ordre du jour de défiance, siéger à la Chambre. Ils les renverront comme une protestation indignée contre le soufflet qu'ils ont reçu, eux aussi, dans la personne de leurs représentants. C'est un devoir pour tous les offensés de relever le gant, sous peine de lâcheté. Ils tiendront à honneur de faire une solennelle et imposante manifestation en renouvelant leurs mandats à tous les députés qui ont protesté contre le *coup de tête* sans but et sans moyens apparents et qui ont eu souci des deniers des contribuables en ne votant pas le budget. Le pays, dont ils n'ont pas démérité un seul instant, leur en saura gré, et l'histoire aussi. Ils auront sauvé la France des catastrophes que rêvent les monarchistes, croyant qu'il en sortirait un trône dont ils profiteraient en plats courtisans et en insatiables budgétivores, mais d'où ne sortirait réellement qu'une guerre de désolation. Quant à l'histoire, elle mettra le tout sur son équitable balance et fera la part de chacun. Les générations à venir riront, en la consultant, de ce qui nous attriste aujourd'hui. Vivant en paix du fruit de nos travaux et de nos luttes, héritiers heureux des chères libertés pour lesquelles nous combattons, nos enfants, dégagés des soucis de leur propre existence, qui est la liberté, se sentiront pris d'une douce hilarité quand leurs regards tomberont sur la page de l'Ordre Moral, et qu'ils assisteront, le livre à la main, à toutes les péripéties qui ont accompagné sa naissance, sa carrière et son écrasement, sa résurrection et enfin son enfouissement final.

Paris. — Typ. N. Blanpain, 7, rue Jeanne.

DU MÊME AUTEUR

DE L'INCORPORATION

ET DU

MARIAGE DES PRÊTRES

Prix : 20 centimes, *franco*, 25 centimes

EN VENTE A LA MÊME LIBRAIRIE

BIBLIOTHÈQUE DÉMOCRATIQUE

50 cent. le volume, par la poste, 60 cent.

---

1. NAPOLÉON, par Louis BLANC, 1 volume.
2. LES PAYSANS, par Alphonse ESQUIROS, 1 vol.
3. LES JESUITES, par A. ANDRÉÏ, 1 vol.
4. LES ORIGINES DE LA REVOLUTION, par Ernest HAMEL, 1 vol.
5-6. LES HOMELIES DE VOLTAIRE, par Victor POUPIN 2 vol.
7. LE DEUX DÉCEMBRE A PARIS, par Victor SCHŒLCHER 1 vol.
8. SCIENCE ET CONSCIENCE, par L. VIARDOT, 1 vol.
9. LE LIVRE DES FEMMES, par Léon RICHER, 1 vol.
10. LA POLITIQUE AU VILLAGE, par M.-L. GAGNEUR, 1 vol
1. LES PRINCES D'ORLÉANS, par Victor POUPIN, 1 vol.
2. LA PROPRIÉTÉ, LA FAMILLE ET LE CHRISTIANISME, par SCHŒLCHER, 1 vol.
3. JEANNE DARC, par Henri MARTIN, 1 vol.
4. LA COMMUNE DE MALENPIS, par André LÉO, 1 vol.
5-6. L'OPPOSITION ET L'EMPIRE, par GARNIR-PAGÈS, 2 vol.
7. LES SOCIÉTÉS OUVRIÈRES, par Martin NADAUD, 1 vol
8. LA FEMME EN FRANCE AU XIXe SIÈCLE, par Ernes LEGOUVÉ, 1 vol.
9. L'INSTRUCTION GRATUITE ET OBLIGATOIRE, pa. Jules SIMON, 1 vol.
10. LE DROIT DIVIN, par Victor POUPIN, 1 vol.
1. ÉTUDES LITTÉRAIRES ET PHILOSOPHIQUES, pa D. BANCEL, 1 vol.
2. LES JOURNÉES DE JUILLET, par N. BLANPAIN, 1 vol.
3. CRIME DE DÉCEMBRE EN PROVINCE, par V. SCHŒLCHER, 1 vol.
4. ASSOCIATION ET TRAVAIL ATTRAYANT, par Ch FOURIER, 1 vol.
5. LA GUERRE (*l'Empire*), par Victor POUPIN, 1 vol.
6. LA GUERRE (*la Défense nationale*), par Victor POUPIN 1 vol.
7. NOS PRÉJUGÉS POLITIQUES, par Yves GUYOT, 1 vol.
8. LE DIVORCE, p . GAGNEUR, 1 vol.
9. JULES GRÉV , par Elie ORIN, 1 vol.
10. LE RESPEC DE LA L par SALNEUVE, 1 vol.

www.ingramcontent.com/pod-product-compliance
Ingram Content Group UK Ltd.
Pitfield, Milton Keynes, MK11 3LW, UK
UKHW021927230726
13925UKWH00007B/2490

9 782014 045628